BEI GRIN MACHT SICH IHR WISSEN BEZAHLT

- Wir veröffentlichen Ihre Hausarbeit,
  Bachelor- und Masterarbeit

- Ihr eigenes eBook und Buch -
  weltweit in allen wichtigen Shops

- Verdienen Sie an jedem Verkauf

Jetzt bei www.GRIN.com hochladen
und kostenlos publizieren

Bibliografische Information der Deutschen Nationalbibliothek:

Die Deutsche Bibliothek verzeichnet diese Publikation in der Deutschen National-bibliografie; detaillierte bibliografische Daten sind im Internet über http://dnb.d-nb.de/ abrufbar.

Impressum:

Copyright © 2017 GRIN Verlag
Druck und Bindung: Books on Demand GmbH, Norderstedt Germany
ISBN: 9783346173270

Riccarda Jung

Allgemeine Psychologie. Freudsche Triebtheorie und das Motivationsmodell von Lawrence & Nitin

GRIN Verlag

Einsendeaufgabe

Psychoanalytische Triebtheorie von Freud

Emotionen und Emotionsarbeit

Motivationsmodell von Lawrence & Nohria

Inhaltsverzeichnis

Abbildungsverzeichnis

1. Textteil zu Aufgabe D1 – Psychoanalytische Triebtheorie von Freud

Als kurzer Einstieg in die Thematik der psychoanalytischen Triebtheorie Freuds werden folgend drei Begriffe definiert: Reize sind Vorkommnisse die Emotionen auslösen können. Triebe sind innere Zustände, die bei einem Lebewesen als Reaktion auf ein Ungleichgewicht in seinen physiologischen Bedürfnissen entstehen. Die Triebtheorie besagt, dass physiologische Bedürfnisse des Organismus Triebe auslösen, Triebspannung entstehen lässt und diese mittels Bedürfnisbefriedigung reduziert werden können[1].

Ein Trieb ist ein Reiz für das Psychische und dennoch ist ein psychischer Reiz nicht das gleiche wie der Trieb. Es gibt auch andere physiologische Reize, wie z.B. ein grelles Licht, dass ins Auge fällt. Von einem Triebreiz wird erst gesprochen, wenn sich die Anätzung der Magenschleimhaut erkennbar macht. Diese inneren Vorgänge sind die organische Grundlage für Bedürfnisse wie Durst und Hunger. Festzuhalten ist, dass der Triebreiz nicht von der Außenwelt, sondern aus dem Organismus selbst, stammt. Ein Reiz kann wie ein einmaliger Stoß oder durch eine einmalige zweckmäßige Aktion, wie z.B. die motorische Flucht, erledigt werden. Der Triebreiz entgegen ist keine Stoß-, sondern eine konstante Kraft. Der Trieb greift sozusagen von innen an, weshalb hier eine Flucht auch keinen Sinn hätte. Freud nennt den Trieb „Bedürfnis", welches wiederum durch die „Befriedigung" aufgehoben werden kann. Unser Nervensystem, welches die Aufgabe der „Reizbewältigung" hat, muss nicht nur äußere Reize, sondern auch die inneren Triebbedürfnisse befriedigen. Den äußeren Reizen kann durch Muskelbewegungen entzogen werden, zur Bewältigung der inneren Triebreize muss jedoch mehr aufgewendet werden. Diese stellen durch verwickelte, ineinandergreifende Tätigkeiten eine viel höhere Anforderung an das Nervensystem. Die äußere Umwelt so verändert werden, dass die inneren Reizquellen befriedigt werden können[2].

---

[1] Vgl. Welte-Bardtholdt (2015(b)), S. 131 ff
[2] Vgl. Freud (2013), S. 2 f

Von Freud stammen die drei eng miteinander verknüpften Schwerpunkte die Theorie der Psyche im Sinne der Normalpsychologie und der Psychopathologie, die Psychotherapie und die psychoanalytische Sozial- und Kulturtheorie. Die psychoanalytische Theorie Freuds ist die Theorie des Unbewussten und besagt, dass bewusste Phänomene im Erleben und Verhalten von unbewussten Motiven, Prozesse und Mechanismen gesteuert werden. Die Seele hat demnach einen durch Energien gesteuerten, psychischen Apparat. Diese Energien stammen aus Trieben mit biologischer Grundlage. Das Unbewusste definiert Freud als psychische Prozesse innerhalb der Seele, welche für das bewusste Erleben nicht zugänglich sind. Zwischen den zwei gegenüberstehenden Bereichen, dem Bewusstem und dem Unbewussten, ist nach Freud ein Übergangsbereich, das Vorbewusste. Das Unbewusste, bestehend aus Träumen, neurotischen Symptomen und Übertragungen früherer Erfahrungen auf aktuelle Ereignisse, entsteht nach Freud durch die Verdrängung vom Vorbewussten (die Bewusstseinsschranke). Diese Prozesse werden von Regulationsmechanismen gesteuert. Das Unbewusste wird von der Unlogik geleitet (Primärprozess) welche die Vermeidung von Unlust anstrebt (Lustprinzip) und das Bewusste wird von der Alltagslogik gesteuert (Sekundärprozess) und wird aufgrund der Orientierung an der äußeren Realität als Realitätsprinzip bezeichnet[3].

Freud unterscheidet zwischen den beiden unbewusst agierenden Trieben, dem Lebenstrieb, welcher der Lebenserhaltung dient und den Menschen zur Reproduktion veranlasst, und dem Todestrieb, welcher die negative Kraft der Natur sei. Der nach innen gerichtete Todestrieb beinhaltet alle selbstzerstörerischen Verhaltensweisen und der nach außen gerichtete Todestrieb Aggressionen und Vandalismus. Nach Freud sind Persönlichkeitsunterschiede der Menschen darauf zurückzuführen, wie sie mit ihren Basistrieben umgehen. Die Primärtriebe befinden sich nach Freud im primitiven unbewussten Teil der Persönlichkeit, dem ES. Das ES ist impulsgetrieben, will sich ausdrücken, ist irrational und will sich unmittelbar befriedigen. Gesteuert wird das ES durch das Lustprinzip, durch emotionale, körperliche und sexuelle Lust, weshalb ihm mögliche und soziale Erwünschtheit

---

[3] Vgl. Ermann (2009), S. 14 ff

egal sind. Es besteht eine stetige Auseinandersetzung zwischen dem ES und dem ÜBER-ICH. Dies wird durch die Definition des ÜBER-ICH deutlich: hier sind die Werte, Normen, Gesetze und Moralvorstellungen, also das Gewissen, angesiedelt. Es ist das Ideal einer Person, das was angestrebt wird zu sein. Das ES will das, was sich gut anfühlt und das ÜBER-ICH, dass was richtig ist. Das ICH reguliert die beiden, es geht Kompromisse ein, es vermittelt und wägt zwischen den beiden ab. Das ICH stellt somit den realistischen Aspekt der Persönlichkeit dar. Dessen Aufgabe ist es, Handlungen so zu wählen, dass die Impulse des ES befriedigt werden und dennoch keine negativen Konsequenzen für das ÜBER-ICH entstehen. Trotzdem stellt das ICH aufgrund des Realitätsprinzips vernünftige Entscheidungen über lustbetonte Entscheidungen[4].

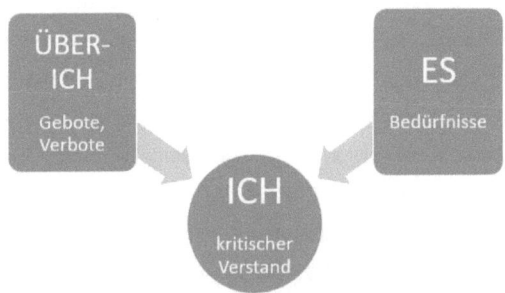

Abbildung 1 - eigene Darstellung von Freuds Theorie des Ich's, des Über-Ich's und des Es', vgl. Quelle: http://www.krautwurst.de/tiefenpsychologie-weiterlesen.html (Krautwurst)

Abwehrmechanismen kommen zum Vorschein, wenn das ICH durch das ES bedroht wird. Sie richten sich gegen Triebmotive. Abwehrmechanismen haben für das ICH die Funktion Ängste zu mildern, abzuweisen oder sich zu ersparen. Durch das Auftreten von Angst oder Unlust wird Abwehr erzeugt und Abwehrmechanismen werden eingeleitet[5]. Freud erklärt Abwehrmechanismen als besondere Verhaltensweise, die Triebregungen, die nicht gewollt sind, in andere Formen psychischer Energie zu überführen. Triebmotive können Triebangst, Schuldgefühle, Ekelgefühle und Schamgefühle sein. Abwehrmechanismen sind beispielsweise Verdrängung, Identifikation, Vermeidung, Rationalisierung und Ungeschehen-Machen[6]. Die Verdrängung

---

[4] Vgl. Zimbardo,P.G.; Gerrig,R.J.; Graf, R. (2008) zitiert nach Welte-Bardtholdt (2015(a)), S. 24 f
[5] Vgl. Klußmann (2000), S. 20
[6] Vgl. Freud, A. (1936) zitiert nach Peters (1997), S. 4

kann auch als Leugnung (objektive Sinneseindrücke werden als unwahr hingestellt) und Isolierung bezeichnet werden, es ist das gezielte ‚Nichtwissenwollen' und führt zur Einschränkung der Realitätswahrnehmung[7].

Nach Freud beruhen Emotionen, welche von ihm als psychische Phänomene beschrieben werden, auf einen Abfluss nervöser Energie in einem Netzwerk von Neuronen mit unterschiedlichen Weiterleitungs-Eigenschaften. Eine Antriebsenergie oder treibende Kraft (Triebfeder) des seelischen Apparats entsteht durch physiologische Bedürfnisse. Das Freisetzen der Aktivierungsenergie geschieht durch interne oder externe Ereignisse. Anschließend wird sie durch unterschiedliche Nervenbahnen weitergeleitet. Die Aktivierung, Aktivierungsstrom oder auch Besetzung genannt, fließt an einer Verzweigung des Neuronensystems entweder in die Richtung eines speziellen Netzwerks aus Neuronen oder in Richtung des endogenen Milieus. Im Primärprozess werden bei Bedrohungsreize über das endogene Milieu Unlustbindungen, auch aversive Gefühle genannt, erzeugt. Während der Besetzung emotionaler Erinnerungen können aversive Reaktionen im Körper ausgelöst werden. Negative Einflüsse auf den körperlichen Prozess sowie psychische Störungen können durch emotionale Erinnerungen, die nicht über das Neuronen-Netzwerk abgeleitet wurden, entstehen. Die psychoanalytische Triebtheorie Freuds besagt, dass die ausgelöste Erregung in einen anderen cortikalen Bereich verschoben wird und somit unschädlich gemacht wird. Doch „Freuds Versuche, psychische Prozesse im Nervensystem zu lokalisieren, mentale Vorstellungsinhalte als in Nervenzellen gespeichert anzusehen und Übertragungen von Erregungen mittels Nervenfasern zu erklären, wurde als gescheitert angesehen"[8].

---

[7] Vgl. Klußmann (2000, S. 20), S. 20
[8] Vgl. Schmidt-Atzert, L.; Stemmler, G.; Peper, M. (2014) zitiert nach Welte-Bardtholdt (2015(b)), S. 39 f

2. Textteil zu Aufgabe D2 – Emotionen und Emotionsarbeit

Wie Scherer 1993 sagte, gibt es viele unterschiedliche Definitionen von Emotionen. Sie können als Änderung der Erregung definiert, oder als angeborene Neuralprogramme, als Reaktion auf Widersprüchlichkeiten, als Aktionstendenzen, als soziale Konstruktion, als kognitive Schemata oder als unterbrochener/gestörter Mechanismus beschrieben werden[9].

Folgend werden die mit Emotionen in Verbindung gebrachten Begriffe wie Gefühl, Affekt und Stimmung voneinander abgegrenzt. Der *Affekt* ist der Oberbegriff vieler verschiedener Gefühle und hat als dessen Unterbegriffe die Emotionen und Stimmungen. Das *Gefühl* ist das umgangssprachliche Pendant zum Affekt und ist ein Oberbegriff für allerlei Empfindungen[10]. *Emotionen* sind Gefühle mit hoher Intensität, die immer auf ein Objekt, also auf eine Person oder ein Gegenstand bezogen sind. Beispielsweise ärgert man sich über den Nachbar oder hat vor dem Fliegen Angst[11]. *Stimmungen* hingegen sind Gefühlszustände mit geringer Intensität, die länger andauern als Emotionen. Sie sind nicht an ein Objekt gebunden und können entsprechend ohne eine bekannte Ursache entstehen und schwanken. Man hat beispielsweise gute oder schlechte Laune[12].

Emotionen sind in vier Ebenen zu unterteilen. In die *unmittelbare Empfindung* eindeutiger Valenz (das gute oder schlechte Gefühl)[13], in die physiologische Reaktion, in die Kognition und in das Verhalten. *Physiologische Reaktionen* können beispielsweise der schnellere Herzschlag oder das mulmige Gefühl im Bauch sein. Durch *Kognitionen oder Gedanken*, wie das als gefährlich Einschätzen einer Situation, entstehen Gefühle wie z.B. Angst. *Verhaltenskomponenten* können beispielswiese das Pfeifen, Singen, auf den Tisch hauen, das Türenknallen oder das Fliehen sein. Die unmittelbarste Verhaltensreaktion ist die Veränderung der Mimik [14]. Bei einigen Emotionen wie

---

[9] Vgl. Scherer, K. R. (1993) zitiert nach Mitmansgruber (2003), S. 17
[10] Vgl. George, J. M. (1996) zitiert nach Werth (2010), S. 159
[11] Vgl. Frijda, N. H. (1993) zitiert nach Werth (2010), S. 159
[12] Vgl. Weiss, H. M.; Cropanzano, R. (1996) zitiert nach Werth (2010), S. 159
[13] Vgl. Plutchick, R. (1980) zitiert nach Werth (2010), S. 160
[14] Vgl. Darwin, C. (1872) zitiert Werth (2010), S. 160

Freude, Trauer, Ekel, Überraschung, Furcht und Ärger lassen sich spezifische Gesichtsausdrücke bei Menschen aus unterschiedlichsten Kulturen finden. Daher wird davon ausgegangen, dass der mimische Emotionsausdruck angeboren ist[15].

Was eine Emotion genau ist, darüber sind sich die Wissenschaftler bisher nicht einig. Dennoch wird versucht in Dimensionsansätzen Emotionen anhand weniger Dimensionen zu klassifizieren. Diese Dimensionen können bezüglich der Valenz (positiv oder angenehm vs. negativ oder unangenehm), des Erregungsniveaus (gering vs. hoch) eingeteilt werden oder als Vermeidungs- oder Annäherungsemotion eingeordnet werden. Das biobehaviorale Emotionsmodell teilt den Emotionsprozess in drei Phasen, in die Bereitstellung von Ressourcen, Zielverfolgung auf dem Weg zum Emotionsziel und die Zielerreichung bzw. Zielverfehlung ein. Die *Funktion einer Emotion* ist an dessen Ziel zu erkennen. So ist die Funktion von Ekel das Ziel die Zurückweisung/Abstoßung, von Ärger die Vernichtung/Zerstörung, von Furcht der Schutz, von Freude die Vermehrung/Fortpflanzung und von Traurigkeit die Wiedervereinigung. Emotionen stellen auf einer hohen Abstraktionsebene das *Überleben* und die *Fortpflanzung* der eigenen Person und Sippe sicher. Die verschiedenen Emotionen haben zum Ziel spezifische Lösungen für Probleme und Gelegenheiten zur Verfügung zu stellen. Emotionen stellen zur Erlangung dieser Ziele die motivationalen, kognitiven und physischen Ressourcen, also kognitive und körperliche Mittel, zur Verfügung. Die zweite Aufgabe von Emotionen ist es, den eigenen *emotionalen Zustand* an andere, durch beispielsweise Körpersprache, Gesichtsausdruck, Hautfärbung und die Melodie der Sprache, zu *vermitteln*. Die dritte Aufgabe besteht in dem *Beschützen des Körpers* vor schädlichen Folgen von Verletzungen und Krankheiten[16].

Viele Autoren halten an den umstrittenen Basisemotionen fest. *Basisemotionen* bündeln verschiedene Ressourcen, um mehr oder weniger distante Ziele oder grundlegende, wiederkehrende Dilemmata von Menschen zu meistern. Sie umschließen interne körperliche Aktivitäten und die Kapazität für

---

[15] Vgl. Ekman, P. (1982) zitiert nach Werth (2010), S. 160
[16] Vgl. Egloff, B.; Kunzmann, U.; Salisch, M. zitiert nach Stemmler (2009), S. 3 ff, 295, 298

Ausdrucksverhalten. Sie werden durch physisch sehr unterschiedliche Reize, Gedanken und Episoden, z.B. werden wir ärgerlich, wenn wir bei dem Wechselgeld an der Kasse betrogen werden, aktiviert bzw. ausgelöst. Reflexe hingegen werden durch spezifische adäquate Reize ausgelöst. Basisemotionen ermöglichen Kognition und Verhaltensweisen zu regulieren und zu modulieren. Auch die Basisemotionen sind über die unterschiedlichen Autoren hinweg unterschiedlich. Dennoch gibt es einige Gruppierungen, wie Erwartung/Vorfreude, Verlangen, Zuneigung/Wärme, Ärger, Furcht, Traurigkeit und Verachtung/Ekel, welche in dem BES-Modell als gegeben angenommen werden. Die ersten drei Merkmale haben als Motivationsrichtung die Erreichung von Erfolgen und die letzten vier die Vermeidung von Misserfolgen gemeinsam. So wird durch Erwartung eine Belohnung angestrebt, durch Verlangen Intime Nähe und durch Zuneigung Bindung als Emotionsziel angestrebt. Bei Ärger hingegen wird als Emotionsziel angestrebt Unterordnung abzuwenden, bei Furcht Vernichtung, bei Traurigkeit Trennung und bei Verachtung Aversive (abgeneigte, lustlose) Nähe abzuwenden. Steigt während der Zielverfolgung die Erwartung/ Interesse, das Verlangen/ Anziehung oder die Zuneigung, spricht man von einem guten Verlauf. Jubel, Stolz und Selbstwert ist der Erfolg von Erwartung, Befriedigung von Verlangen und Liebe von Zuneigung und führt allgemein zu Freude und Zufriedenheit. Verläuft die Zielverfolgung durch Enttäuschung, Verlegenheit und Frustration schlecht, kann dies zu Misserfolgen wie Wut, Scham, Eifersucht oder Feindseligkeit führen. Dies kann wiederum zu Hoffnungslosigkeit, Reizbarkeit und Depression und zu den anderen vier Merkmalen wie Ärger, Furcht, Traurigkeit und Verachtung führen. Verläuft die Zielverfolgung der vier zuletzt genannten Merkmale jedoch, durch die Minimierung von Ärger, Furcht, Unsicherheit/Traurigkeit und Verachtung, gut, kann dies zu einem Erfolg wie Stolz, Erleichterung, Sicherheit/Vertrauen und Erleichterung führen. Dieser Erfolg führt dann wiederum zu Freude und Zufriedenheit. Verläuft die Zielverfolgung durch Erhöhung von Ärger, Furcht, Traurigkeit und Verachtung jedoch schlecht, kann dies zu Misserfolgen wie Angst/Scham, Hilflosigkeit/Panik, Trennungsangst und Ekel/Hass führen. Die weitere Folge daraus ist dann die Verzweiflung[17].

---

[17] Vgl. Stemmler (2009), S. 3ff, 295, 298, 494 f, 528

Gefühle haben auf der Arbeit nichts verloren – glauben viele. Ein Beispiel aus dem Arbeitsalltag wird verdeutlichen, wie oft Emotionen eine Rolle im Beruf spielen. Es muss sich nur einmal in die folgende Lage versetzt werden: Ein geduldiger Mitarbeiter des Customer Service beginnt seinen Tag mit einem Kaffee. Er mag seinen Job und auch die Kunden die er betreut. Bevor er seinen PC fertig hochgefahren hat klingelt jedoch sein Telefon. Es ist dieser eine nervige Kunde, der die letzte Woche täglich angerufen hat und sich beschwert hat, wieso seine Bestellung noch nicht geliefert worden ist, obwohl er diesen Umstand schon mehrfach geduldig und ausführlich erklärt bekommen hat. An diesem Tag hat der Mitarbeiter einfach keine Nerven mehr dazu und legt nach einem ‚das kann ja wohl nicht wahr sein, das habe ich Ihnen schon 100 Mal erklärt' einfach auf. Schon beim Auflegen ist dem Kundenservice-Mitarbeiter bewusst, dass das keine Art war mit einem Kunden umzugehen. Er wird bestimmt vom Vertrag zurücktreten und nie wieder in der Firma bestellen. Hätte er sich doch nur nicht von seinen Gefühlen überrumpeln lassen. Gefühle können mit einem ‚durchgehen' und es bleibt dadurch oft der Eindruck, dass die Gefühle gar nicht beeinflusst werden können[18]. Doch ist das so?

Es besteht sehr wohl die Möglichkeit die eigenen Emotionen willentlich zu regulieren. Emotionen können aktiv beeinflusst werden, indem versucht wird unangenehme Gefühle zu vermeiden und positive Gefühle herbeizuführen, aufrechtzuhalten und zu intensivieren[19]. Bei diesem Prozess bestimmt der Mensch wie er welche Emotionen erlebt und ausdrückt. Dies kann automatisch oder kontrolliert, bewusst oder unbewusst ablaufen. Emotionen können beispielsweise im Verhalten, durch physiologische Reaktionen oder Gedanken reguliert werden[20].

Menschen können sich verschiedener Regulationsmöglichkeiten bedienen, um Emotionen selbst zu regulieren. Beispielsweise können sie sich die Situationen selbst aussuchen, um eine Emotion hervorzurufen (Liebesfilm ansehen). Die Situation modifizieren, indem der Zahnarzt um eine Lokalanästhesie vor einer

---

[18] Vgl. Werth (2010), S. 157
[19] Vgl. Schmidt-Atzert, L.; Stemmler, G.; Peper, M. (2014) zitiert nach Welte-Bardtholdt (2015(b)), S. 83
[20] Vgl. Gross, J.J. (1998) zitiert nach Schmidt-Atzert, L. et al.: 2014 zitiert nach Welte-Bardtholdt (2015(b)), S. 83

Behandlung gebeten wird, um die Angst zu mindern. Wenn während der Zahnbehandlung das schöne Bild an der Wand, anstatt des Bohrers, angesehen wird, werden bestimmte Situationsaspekte gezielt beachtet und andere ignoriert. Weiterhin kann einer Situation eine andere Bedeutung gegeben werden, indem man eine Prüfung nicht als Auslieferung gegenüber dem Prüfer, sondern als Chance sein Können und Wissen zu präsentieren, sieht[21].

Die *Emotionsarbeit* ist im Unterschied zur Emotionsregulation eine bezahlte Arbeit, bei der ein Management der eigenen Emotionen notwendig ist. *Arbeit* wiederum ist eine zielgerichtete menschliche Tätigkeit zur Erfüllung von Aufgaben zum Zweck der Transformation und Aneignung der Umwelt. Bei der Emotionsarbeit wird unabhängig der eigenen Empfindungen durch Mimik, Stimme und Gestik ein bestimmtes Gefühl zum Ausdruck gebracht. Sie ist heutzutage fester Bestandteil vieler Dienstleistungsberufe. Diese Arbeit ist mit sozialen und emotionalen Anforderungen, wie z.B. die Kundenbindung und Kundenzufriedenheit, verbunden. Besonders im Call-Center wird auch nach einem anstrengenden Arbeitstag und etlichen Anrufen erwartet, dass der letzte Kunde genau so freundlich behandelt wird, wie der erste. Auch Flugbegleiter dürfen ihren Gefühlen keinen Ausdruck verleihen und müssen stets professionell sein. Das bedeutet, dass die Emotionsregulation zur Arbeitsanforderung bei Dienstleistungsberufen gehört[22]. Für die Emotionsarbeit werden noch weitere Strategien als Regulationsmöglichkeit genannt. Eine Strategie ist die *automatische Regulation*, bei der die geforderte Emotion spontan auftritt, ohne dass eine falsche Emotion vorgetäuscht werden muss oder es besonderen Anstrengungen bedarf. Weiterhin wird bei dem *Oberflächenhandeln*, englisch Surface Acting, nach außen hin durch Mimik, Gestik und Stimme vorgegeben, die erwartete Emotion zu empfinden, obwohl es innerlich nicht so ist. Hier wird also der Gefühlsausdruck und nicht das empfundene Gefühl reguliert. In diesem Fall würde ein Lehrer zu einem Schüler, den er nicht mag, trotzdem freundlich sein. Eine weitere Strategie ist das *Tiefenhandeln*, englisch Deep Acting. Hier werden passende Gefühle hergestellt, d.h. der Lehrer versucht die erwarteten

---

[21] Vgl. Schmidt-Atzert, L.; Stemmler, G.; Peper, M. (2014) zitiert nach Welte-Bardtholdt (2015(b)), S. 83
[22] Vgl. Kauffeld (2014), S. 2, 233 f.

und erwünschten Gefühle tatsächlich für den Schüler zu empfinden. Dies kann durch körperliche Entspannung, wie tiefes Durchatmen, durch Konzentration auf die Ziele und Bedürfnisse des Schülers oder durch Gefühlserinnerungen mithilfe mentaler Bilder und Vorstellungen, erreicht werden[23].

3. Textteil zu Aufgabe D3 – Motivationsmodell von Lawrence & Nitin

Das Modell von Lawrence und Nitin handelt von vier Motivationskräften: dem Erwerbstrieb, dem Bindungstrieb, dem Lerntrieb und dem Verteidigungstrieb. Diese Triebe sind von zentraler Bedeutung für das Wesen des Menschen und spielen eine ausschlaggebende Rolle bei allen Entscheidungen. Menschen die im Laufe ihres Lebens Mittel und Wege gefunden haben alle vier Grundtriebe zu befriedigen, haben ein erfüllteres Leben, als diejenigen, die sich nur auf ein oder zwei Triebe konzentriert habe[24].

Zuerst wird der *Erwerbstrieb* definiert. Er gehört zu den angeborenen Trieben, die im mentalen System aller Menschen verankert ist. Es ist der Drang wertvolle Gegenstände und Erfahrungen zu suchen, zu besitzen und zu beschützen. Die natürliche Auslese der Evolution hat dafür gesorgt, dass Menschen mit diesem Trieb bevorzugt werden, da durch diesen Trieb Grundbedürfnisse wie Nahrung, Schutz und Sexualität besser befriedigt und Überlebenschancen verbessert werden. Menschen identifizieren sich mit erworbenen Objekten und positiven Erfahrungen und empfinden diese als ihren Besitz. Da wertvolle Gegenstände und Erlebnisse eher Mangelware sind, führt dieser Trieb zur Konkurrenz von Menschen. Früher wurden Wertgegenstände gesammelt, gesucht, gejagt und anschließend getauscht oder auch gestohlen. Menschen streben nach dem Erwerb von regulären Gütern, also von materiellen Dingen wie Nahrung,

---

[23] Vgl. Raststetter (1999) zitiert nach Kauffeld (2014), S. 234
[24] Vgl. Lawrence und Nitin (2003), S. 23

13

Kleidung und Wohnung oder auch Unterhaltung und Sex, und nach positionsbezogenen Gütern, durch die man Anerkennung oder Status in der sozialen Hierarchie erlangt. Das Auseinanderhalten beider Güter ist in der Praxis oft nicht so einfach, da ein Ferrari des schnellen Autos wegen oder eben aufgrund des Statussymbols erworben werden kann. Der Erwerbstrieb ist schwer zu befriedigen, da auch ein reicher Mann mit viel Eigentum nicht automatisch einen hohen gesellschaftlichen Status erlangt. Es kann immer nach noch mehr verlangt werden, als bereits besessen wird[25]. Der Trieb die eigenen Erwerbswünsche zu befriedigen führt stets zu Konkurrenz. So ist es verständlich, dass sich in unserer Gesellschaft die ökonomischen Modelle nahezu überall durchgesetzt haben. Das Anstreben des Individuums, den eigenen Vorteil im Wettbewerb mit Mitstreitern stetig zu maximieren, ist ein wichtiger und elementarer Aspekt des menschlichen Verhaltens[26]. Eine Studie von 1967 zum Gesundheitszustand der britischen Beamtenschaft, dient folgend der Verdeutlichung des Erwerbstriebs in der Praxis. Sie erwies, „je höher die Stellung im öffentlichen Dienst, desto geringer war in allen Altersstufen das Todesrisiko". Das Risiko an einer Herzkrankheit zu sterben ist bei den niedrigsten beruflichen Stellungen dreimal so hoch wie bei denen der ranghöchsten Beamten. Ebenso ist die Wahrscheinlichkeit an längeren krankheitsbedingten Arbeitsausfällen bei niedrig gestellten Beamten viermal so hoch wie bei den höchstgestellten Beamten. Auch zwanzig Jahre später bei der zweiten Studie bestand nach wie vor eine deutliche Kluft zwischen den unteren und den oberen Dienstgraden. Obwohl die niedrig Gestellten einen höheren Wohlstand und einen besseren Zugang zur medizinischen Versorgung als zuvor hatten. Ob der höhere Stress oder der Verlust an Autonomie der Grund für die gesundheitliche Kluft ist, ist umstritten[27]. Der Nachteil des Erwerbstriebs ist, dass er nicht nur spontan und angeboren ist, sondern auch unersättlich ist. Auch nach einem Lottogewinn bleiben die Gewinner nicht dauerhaft glücklich, da das Verlangen nach mehr unverändert zurückkehrt. Zur besonders beunruhigenden Seite des Erwerbstriebs zählt die Suchbefriedigung von lustvollen Gefühlen, wie z.B. die Sucht nach Drogen, Alkohol oder Glücksspiel[28]. Ein weiterer negativer

---

[25] Vgl. Lawrence und Nitin (2003), S. 77 ff
[26] Vgl. Frank, R. H. (1988) zitiert nach Lawrence und Nitin (2003), S. 82 f.
[27] Vgl. Lawrence und Nitin (2003), S. 77 ff
[28] Vgl. Kahnemann, D.; Diener, E.; Schwarz, N. (1999)/ Elster, J. (1999) zitiert nach Lawrence und Nitin (2003), S. 87 ff

Ausdruck ist der Neid, er warnt uns vor dem Erfolg anderer und entsteht wenn andere uns übertrumpfen. Als Resultat versuchen wir den Erfolg der Konkurrenz zu sabotieren und zu ruinieren. Dennoch gibt es eine positive Seite, den Ehrgeiz. Es ist das leidenschaftliche Verlangen, der Wille und die Entschlossenheit, sich zu verbessern, etwas zu erreichen und in Statushierarchien aufzusteigen[29].

Der *Bindungstrieb* ist ebenfalls angeboren, ist ein Primärtrieb und hat eine eigenständige Motivationskraft, die nicht vom Erwerbstrieb abgeleitet wird. Menschen haben das angeborene Bedürfnis soziale Kontakte zu knüpfen und sich in gegenseitigen, fürsorglichen Beziehungen zu engagieren. Der Bindungstrieb kann jedoch nur durch Gegenseitigkeit befriedigt werden. Der Bindungstrieb wird mit Begriffen wie Liebe, Fürsorge, Vertrauen, Empathie, Mitgefühl, Zugehörigkeit, Freundschaft, Fairness, Loyalität, Respekt, Partnerschaft oder Verbundenheit in Zusammenhang gebracht[30]. Eine Erklärung für die Evolution des Bindungstriebs wird durch die Partnerselektion beschrieben. Der Selektionsdruck des Homo Sapiens entstand durch die Konkurrenz um Partner mit anderen Anwerbern und durch die Auswahl des optimalen Partners. Frauen wählten eher männliche Partner, die einen vielversprechenden Eindruck in Bezug auf fürsorglichere Väter und erfolgreichere Nahrungsbeschaffer erwiesen. Dabei wurde auf Indikatoren wie Intelligenz, Reichtum und glaubwürdige Treuegelöbnisse geachtet. Männer wählten weibliche Partner eher danach, ob sie jung und gesund waren und mehrere Kinder zur Welt bringen konnten. Diese wählerische Partnerauswahl ist eine Möglichkeit die Entwicklung des Bindungstriebs zu erklären. Schließlich bietet eine aufrichtige emotionale Bindung, im Gegensatz zu kurzfristigen Motive sexueller Lust, eine bessere Chance auf anhaltende Treue und Fürsorge[31]. Der Erwerbs- und Bindungstrieb sind unabhängig voneinander, können sich aber wechselseitig beeinflussen und positiv oder negativ zusammenwirken. Der Unterschied zum Erwerbstrieb liegt darin, dass der Bindungstrieb nur durch einen anderen, freiwillig handelnden Menschen befriedigt werden kann. Eine Bindung beruht auf Gegenseitigkeit und das beiderseitige Engagement, oder umgangssprachig ‚man hält zusammen'.

---

[29] Vgl. Lawrence und Nitin (2003), S. 91 ff
[30] Vgl. Lawrence und Nitin (2003), S. 98 ff
[31] Vgl. Frank, R. (1988) zitiert nach Lawrence und Nitin (2003), S. 107 ff

Wir können sogar Bindungen mit Organisationen eingehen, wir schreiben ihnen menschliche Eigenschaften zu und identifizieren uns mit dieser genauso wie mit Freunden. Geschäftsführer werden oft als symbolischer Vertreter der gesamten Organisation gesehen, weshalb sich mit ihnen identifiziert wird. Dieses Verhaltensmuster der Menschen ist bereits aus der Geschichte der Jäger- und Sammlergruppen bekannt. Die Zugehörigkeit zu Organisationen gehört zu den wichtigsten und besonders geschätzten Aspekten im Leben. Die dunkle Seite des Bindungstriebs zeigt der Genozid, der dazu führt, dass ganze Völker und ethnische Gruppen getötet werden, wie z.b. bei den Europäern und amerikanischen Indianern oder der Holocaust der Nationalsozialisten. Dies liegt an der Unterscheidung der ‚unseren' und der ‚anderen' Gruppe. Die Grenze zwischen den Gruppen wird durch Tabus und Rituale gestärkt und ein Wechsel kann nur z.B. durch Hochzeit oder Segnung geschehen[32].

Der Mensch hat den angeborenen Trieb, die eigene Neugier zu befriedigen, Dinge zu erkennen, zu begreifen, zu glauben und zu verstehen und seine Umwelt deuten zu können. Dies erklärt den *Lerntrieb*. Dieser ist ein Gefühl im Bewusstsein, das als Wissbegier, Forschungsdrang oder Neugier bezeichnet wird[33]. Der Lerntrieb ist Grund dafür, wieso wir Informationen sammeln, die Umwelt erforschen, Dinge beobachten und uns über manche Ursachen und Wirkungen den Kopf ‚zerbrechen'. Wenn wir glauben den Zusammenhang verstanden zu haben oder den Eindruck erlangen, dass alles einen Sinn ergibt, wird der Lerntrieb befriedigt. Der Lerntrieb könnte bei der Evolution des Menschen dazu geführt haben, dass wir mit Werkzeugen umgehen können, Geräte herstellen können, die wir zur Sportlichkeit, zum Malen, Tanzen, Komponieren oder Singen benötigen. Doch die Forschung in diesem Bereich ist noch sehr lückenhaft, weshalb es noch vielen weiteren Forschungen bedarf. Der Nachteil des Lerntriebs liegt in der Anziehungskraft von plausiblen, aber falschen Geschichten, was sich an dem Beispiel Ideologie zeigen lässt. Wenn sich einmal eine Ideologie im Kopf einer Menschengruppe festgesetzt hat, ist es schwer diese wieder loszuwerden. Beispielsweise glauben Angehörige von Sekten, die den

---

[32] Vgl. Scott, R. (1995) zitiert nach Lawrence und Nitin (2003), S. 111 ff
[33] Vgl. Weick, K. (1995) zitiert nach Lawrence und Nitin (2003), S. 129 ff

Weltuntergang zu einem bestimmten Datum prophezeit haben, immer noch daran, obwohl der vorhergesagte Weltuntergang ausgeblieben ist[34].

Ein Trieb der sich wahrscheinlich noch vor dem Erwerbstrieb gebildet hat, ist der *Verteidigungstrieb*. Dieser Trieb existiert, um den eigenen Besitz zu verteidigen, wenn dieser in Gefahr ist. Der Mensch wird in diesem Fall zuerst in Alarmbereitschaft versetzt, dann wird Furcht, Entsetzung, Trauer, Verzweiflung, Depression oder Wut ausgelöst, um anschließend zu fliehen oder anzugreifen. Der Verteidigungstrieb spielt mit dem Erwerbstrieb zusammen, wenn Besitztümer des Individuums oder Gruppe, der das Individuum angehört, bedroht werden. Auch die Bedrohung wichtiger Bindungsbeziehungen, auch in Bezug auf Gruppen, lässt den Verteidigungstrieb durch den Bindungstrieb auslösen. Der Lerntrieb wird allerdings nicht nur ausgelöst, wenn das eigene Leben oder Besitztümer gefährdet werden, sondern auch wenn persönliche Bindungen (Bindungstrieb) und kognitive Repräsentationen von Selbst und Welt (Lerntrieb) angegriffen werden. Im Zusammenhang mit dem Lerntrieb wird der Verteidigungstrieb aktiviert, wenn Weltanschauungen und Selbstbilder angegriffen werden. Die dunkle Seite des Verteidigungstriebs ist der Krieg. Heutzutage droht durch die Erfindung der Atombombe im Kriegsfall die Vernichtung der gesamten Menschheit[35].

In Bezug auf Organisationen und Arbeit, sollte jeder Arbeitsplatz die Möglichkeit geben alle vier Grundtriebe zu befriedigen, also Gelegenheit geben, etwas zu erwerben, zu erlernen, soziale Bindungen einzugehen und Erworbenes zu verteidigen. An diesen vier Gestaltungsregeln sollte sich jedes Management und Organisationsentwicklung im Gestaltungsprozess von Arbeitsplätzen orientieren. Leider legen Organisationen oft den Schwerpunkt auf die Befriedigung eines Grundtriebs und vernachlässigen die anderen drei, was früher oder später der Grund für Frustration und Demotivation im Job ist. Zur Erreichung eines annehmbaren Gleichgewichts aller vier Triebe ist die aktive Lenkung durch die Führungskräfte der Organisation notwendig. Der Bindungstrieb in Organisationen ist deshalb wichtig, da das Individuum sich zu dieser Organisation als Gruppe

---

[34] Vgl. Lawrence und Nitin (2003), S. 144 ff
[35] Vgl. Lawrence und Nitin (2003), S. 152 ff

verbunden fühlt und sich mit dieser identifiziert und verteidigt. Ein zu starker Bindungstrieb kann dazu führen, dass sich zu sehr darauf konzentriert wird, dass es jedem in der Gruppe gut ergeht und die Arbeitsleistung zweitrangig ist. Ein zu starker Erwerbstrieb in Organisationen würde dazu führen, dass die komplette Energie in den Wettbewerb gesteckt wird, anstatt in die Arbeitsleistung oder in die Unternehmensziele. Jeder würde mit jedem kämpfen, versuchen besser zu sein als der andere und alles wäre ein egoistisches Machtspiel. Um ein Gleichgewicht zwischen dem Bindungstrieb und dem Erwerbstrieb zu finden, muss die Führungskraft den Erwerbstrieb mit dem Bindungstrieb abmildern. Dies muss nicht nur auf den Einzelnen, sondern auf alle sozialen Einheiten, also auf Abteilungen und auf die Zusammenarbeit aller Bereiche, in einer Organisation angewandt werden und stellt Führungskräfte vor eine Herausforderung. Ein Beispiel dafür wäre, dass sich die finanziellen und symbolischen Belohnungen für Einzelleistungen und für Ergebnisse von Teamwork in der Waage halten. Doch auch die finanzielle Belohnung von Gruppen muss im Gleichgewicht gehalten werden, da sonst ein Konkurrenzkampf zwischen Gruppen und ihren Leistungen entstehen. Um dies zu vermeiden, sollte das Unternehmen stetig daran arbeiten, dass sich alle Mitarbeiter mit dem Gesamtunternehmen und dessen Zielsetzung identifizieren. Weiterhin beruhen Bindungen auf Gegenseitigkeit, was bedeutet, dass die Führungskraft ein starkes und sichtbares Engagement dem Wohl des Gesamtunternehmens und jedes einzelnen Mitarbeiters gegenüber zeigen muss, wenn diese das gleiche von ihren Mitarbeitern erwartet wird. In Bezug zum Lerntrieb muss die Führungskraft dafür sorgen, dass die Arbeitsinhalte so abwechslungsreich sind, dass immer wieder neue und unbekannte Situationen entstehen, sodass Neugier geweckt wird, die durch das Finden neuer Lösungen befriedigt wird. Die Führungskraft muss dennoch für ein Gleichgewicht sorgen, damit Mitarbeiter nicht besessen werden vom Lernen und vergessen zu essen, zu schlafen oder sich zu erholen. Zudem müssen Mitarbeiter in der Lage sein, den eigenen Ruf vor anderen verteidigen zu können und genug Mittel zur Verfügung haben, um Angriffe von außen abwehren zu können. Das Gesamtunternehmen muss ebenso verteidigungsfähig gegenüber der Konkurrenz sein. Zusammenfassend ist zu sagen, dass jede Organisation Gestaltungsprobleme aufgrund der angeborenen Natur in uns Menschen hat. Schafft es jedoch ein Unternehmen die Arbeit und

Zusammenarbeit ihrer Mitarbeiter nach den Anforderungen von Lawrence und Nitin zu gestalten, verspricht dieses Modell in allen Unternehmensbereichen langfristig Erfolg durch motivierte und leistungsbereite Arbeitnehmer. Eine Führungskraft kann also die eigenen Mitarbeiter motivieren, indem sie versucht alle vier Grundtriebe im Gleichgewicht zu halten und diese zu befriedigen[36].

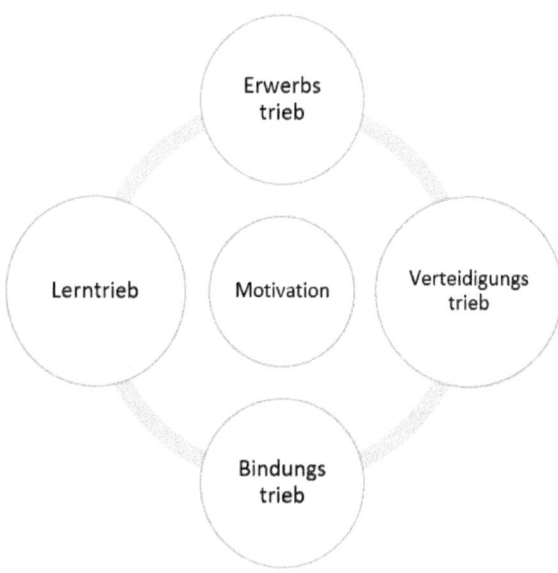

Abbildung 2 - eigene Darstellung von den vier Grundtrieben, vgl. Quelle:
http://www.milkproduction.com/Library/Scientific-articles/Management/Keys-to-motivating-farm-workers-to-harvest-high-quality-milk/ (Estrada)

---

[36] Vgl. Lawrence und Nitin (2003), S. 244 ff

Literaturverzeichnis

Ermann, M. (2009). *Psychoanalyse in den Jahren nach Freud. Entwicklungen 1940 - 1975* (Psychoanalyse). Stuttgart: W. Kohlhammer.

Estrada, J. *Keys to motivating farm workers to harvest high quality milk.* Zugriff am 28.07.2017. Verfügbar unter http://www.milkproduction.com/Library/ Scientific-articles/Management/Keys-to-motivating-farm-workers-to-harvest-high-quality-milk/

Freud, S. (2013). *Triebe und Triebschicksale.* München: BookRix GmbH & Co. KG.

Kauffeld, S. (Hrsg.). (2014). *Arbeits-, Organisations- und Personalpsychologie für Bachelor. Mit 44 Abbildungen und 36 Tabellen* (Springer-Lehrbuch, 2., überarb. Aufl.). Berlin: Springer. https://doi.org/10.1007/978-3-642-42065-8

Klußmann, R. (2000). *Psychotherapie. Psychoanalytische Entwicklungspsychologie Neurosenlehre Psychosomatische Grundversorgung Behandlungsverfahren Aus- und Weiterbildung* (Dritte, vollständig überarbeitete Auflage). Berlin, Heidelberg: Springer Berlin Heidelberg. https://doi.org/10.1007/978-3-642-57159-6

Krautwurst, P. *Erkenntnisse - Verfahren - Anwendung. Psychologie.* Zugriff am 28.07.2017. Verfügbar unter http://www.krautwurst.de/tiefenpsychologie-weiterlesen.html

Lawrence, P. & Nitin, N. (2003). *Driven. Was Menschen und Organisationen antreibt* (/Management - Die blaue Reihe]. Stuttgart: Klett-Cotta.

Mitmansgruber, H. (2003). *Kognition und Emotion. Die Regulation von Gefühlen im Alltag und bei psychischen Störungen* (Psychologie Forschung, 1. Aufl.). Bern: Huber.

Peters, U. H. (1997). *Wörterbuch der Psychiatrie und medizinischen Psychologie. Mit einem englischen und französischen Glossar ; Anhang: Nomenklatur des DSM* (Genehmigte Lizenzausg). Augsburg: Bechtermünz.

Stemmler, G. (Hrsg.). (2009). *Psychologie der Emotion* [Neu überarb. Ausg.].

Welte-Bardtholdt, C. (2015(b)). *Emotionen* (1162-01, 1. Auflauge). Studienbrief.

Welte-Bardtholdt, C. (2015(a)). *Motivation und Volition* (1161-01, 1. Auflage). Studienbrief.

Werth, L. (2010). *Psychologie für die Wirtschaft. Grundlagen und Anwendungen* (Unveränd. Nachdr). Heidelberg: Spektrum Akad. Verl.